JN418795

Kim Mi-Suk

시인 김미숙

눈물, 녹슬다

김미숙 시집

눈물, 녹슬다

Poetics 시학

■ 시인의 말

고등어를 다듬는다.

수면을 가르던 지느러미 단칼에 베고
힘차게 파도 밀어내던 꼬리도
푸른 물빛 닮은 옆구리 살마저 베어 던지고,
발라낸 가시를 접시에 담는다.

한때 수평선 바라보던 마음으로
바람에 뼈 말리던 내 육신,
내 초라한 시 한 접시

내일은 그 눈마저 뽑아 버리고 싶다.

2008년 1월
김미숙

차 례

제2부 그래, 너의 새 이름은 자유다

제3부 산 찔레를 죽이다

제4부 갈 수 없는 나라

제5부 눈물, 녹슬다

제1부

허풍에 대하여

고수鼓手에게

내가 언제 한밤
달빛 아래 울어 본 적이 있더냐

빈 뉘 가슴속에서 한 번이라도
자지러지는 들꽃 눈물이 된 적이 있더냐
소리 없이 피어나는 한 송이 달맞이꽃이더냐

이제 말하리라
그 마음 감추면
감출수록 더 힘껏 이마를 때려 다오

물이 흐르지 못하는 목이 긴 계곡까지
텃새가 날 수 없는 눈먼
먼 하늘까지

흙발로 밟고 가는 비바람처럼
그렇게 숨막히게
내 가슴을 후려쳐 다오

개헤엄으로 바다를 건너다

세상바다에 빠져
허우적거린다
지구를 반 바퀴나 건너온 지금도

앞서 가는 이들은 처음부터
평영 배영 접영
잘도 헤엄쳐 가는데

뱃길은 파도 너울을 따라가고
사랑은 아픔의 까치놀 길잡이로 세운다는데

아직도 나는
막막한 세상바다에 빠져
개헤엄을 길잡이로 허우적거리며 간다

허풍에 대하여

털북숭이 개 한 마리
으르렁으르렁 달려든다
비 그친 산책길 국화단지 앞에서

짖고 또 짖으며 내 길을 물어뜯는다
무서워 발길 돌리다가 다시 돌아서
주먹 바위 치켜들고 노려본다
휘두르는 내 주먹 서슬에 녀석은

꽁지를 내리고 재빠르게 도망친다

— 아아 세상에! —

이 작고 슬픈 허풍이
누군가에게 두려움이 될 수 있다니
내 걸어갈 수 있는 작은 길이 된다니

피하는 것만이 길이 아닌
내 삶의 길을 생각한다

세상 그물

밧줄 하나면 족하다 은어를 잡으려면

꽁지 빠지게 달아나는 너를 붙잡는 것도
그림자만 얼비쳐도 도망치는 너에게
밧줄만 소리 없이 물결 위로 던져진다

세상은 언제나 그랬다
막다른 골목길로 밀어붙이고
주먹 불끈 쥐고 노려보았다

이런 나를 이기는 길은
내 그림자를 스스로 뛰어넘는 일뿐

매번 누군가의 부음을 들을 때마다
흰 국화 한 송이 받들어 고개 숙이고
촘촘한 세상 그물 속으로 들어가며
더 작은 몸짓으로 살짝 비켜서
다시 길을 걷는다

전신거울 명상법

언제 저 거울 앞에 서 본 적이 있더냐
솜털까지 드러내고 당당하게
알몸으로 서 본 적이 있던가

동네 목욕탕 전신거울 속으로
시간의 포로들이 묶이어 지나간다

지금이라도 저 거울 앞에서
몽땅 잃어버린 나를 찾아 세워 보고 싶은데

어쩌면 숨겨 놓은 부끄러운 속내들이
거울 밖으로 우루루우루루 달려 나와서
언제 내 뒤통수를 후려칠지 두려워
두려워 거울 속으로 뒤돌아설 뿐

눈 밖에 눈

아침마다 찾는다
책장 옷장 뒤져 대고
핸드백도 거꾸로 쏟아 부어 본다

무얼 잃었는지 생각조차 나지 않지만
처음부터 다시 시작하기로 한다
나와 대면하는 유일한 시간은
무언가 잃어버린 것을 찾고 또 찾아 뒤집어 보는 일

꺼내 놓은 잡동사니들을 한참 뒤적이는데
문득 두려움이 밤파도 되어 밀려온다

숨겨 놓은 속내
갈비뼈 어둔 골짜기에서 걸어 나와
저 복숭앗빛 햇살에 낱낱이 몸뚱아리 드러내는

정작 두려운 것은 나를 바라보는 나의 눈

세상 들개 지옥 속에서

밀치며 고함치며 헛발질만 하다가
세상길 끊어져 버렸네
뚝뚝 떨어져 내리던 내 붉은 살점 핏덩이에 놀라

나가는 문조차 살아 있는 것조차 혼곤하여
보이지 않았네

강아지풀마저 쭈뼛 머리칼이 서 버린
아침 숲길에서
온몸으로 달려들던 그 붉은 들개 한 마리

수술대 위에 개처럼 엎어져 싹뚝싹뚝
잘려 나가는 내 찢어지는 살의 비명을 들으며
문 열고 어디론가 달아나고 싶었네

스스로 닫아걸었던 마음 빗장 문을 열고
싸늘하게 돌아섰던 얼굴들 찾아
피 따뜻이 돌 때 돌아
마음 빌려 돌아가려 하였네

생명 연습

늦게 온 석이 녀석
빵 한 조각 뜯고 있는데
심술쟁이 훈이가 날래게 낚아챈다

순간
종이 접기를 하며 놀던 몇몇이
뺏고 뺏기는 놀이에
함께 얼크러진다

공룡이 뒹굴고 색종이가 춤을 추고
강낭콩 애기뿌리가 하얗게 떨고

가만히 있던 녀석들까지 덩달아 엉켜든다

저 빵은 오늘
교실천막 하늘을 흔들고
먹이에 약한 어린 녀석들의 앙가슴까지 흔들면서
힘자랑 눈물자랑
생명 연습을 하는 건가

은행나무 아래서

숨죽이고 서 있는 너를 본다

가슴으로 몸으로 비바람 받아 내며
얼마나 열렬하게 한 해를 앓았으면
그 푸르디푸른 잎사귀들이
노랗게 달떴겠는가

이제 자신을 들여다보고
수도자처럼
길 떠나는
너!

나 또한
한 백년 함께 길 떠나고 싶다

풀 씨름

1
뒷발질로 버틴다

손톱 끝에 밀린 물방울끼리
뿔을 맞댄 채 밀고 밀리는 염소처럼

순간, 실바람 한 자락에
톡! 건너가는 작은 물방울
제 무게를 못 이겨 풀밭으로
떨어지던 눈물 한 방울

2
승자도 패자도 없던
한나절 풀 씨름에
해 지는 줄 모르던 따스한 어린 봄날

아련한 등대되어 저만치 앞서 간다

사람과 사람끼리 맨몸으로 부대끼는
버거운 삶의 바다
길 잃은 뱃길 위에서

마네킹처럼

언제나 뒷모습은 보이기 싫어

꽃무늬 원피스로 살짝 가리고
싱긋! 웃어 줘?

때때로 팔을 비틀며
다시 등 뒤에 꽂히는 시침핀
뼛속까지 쑤셔 오는데

서로의 그늘이 되고
서로의 햇살이 되자고 잔 부딪치던
그리운 날들은 어디 가고

달빛 비수 등 뒤에 가득 싣고
아파도 마네킹처럼
웃어야 험한 세상 건널 수 있다고?

폭설행

그대 보러 갔다가
세상길 모두 잃어버렸다
너무 가까이 다가섰다가
너무 멀리 있는 너를 보아 버렸다

간밤에 눈 내리고
먼 계곡까지 훤히 마음 길을 내어 주는
오리나무 빈 가지 사이로
일제히 키를 낮추는
바람의 떼

알발로 달려가다
바람도 구름도 함께 잃는다

둘러보아도 숲을 덮던 쑥새 발자귀
하나 보이지 않고
지나온 길까지 모래펄처럼 지워 버리는

폭설!

맹수처럼 산이 울고 있던 날

춤, 춤, 벙어리춤을 위하여

온몸 흔들고 싶다
살사 스윙 밸리댄스가 아니라도
춤추고 싶다

붉은 조명이 없어도
머릿속이 캄캄해지도록 음악의 파도에 출렁이며
세포 하나하나 꼿꼿이 일어서는 그런 춤을

살면서 마음 놓고 하지 못한 말
때로는 발을 구르며
목청 높여 고함이라도 지르고 싶던 날들
어디 한두 번이었던가

가슴 막막한 날에는 그저
발가락춤 어깨춤
손가락춤 눈꼬리춤으로
빙빙빙 돌고 뛰면서 온몸으로
온몸으로 막춤 한 번 질펀하게 추고 싶다

비빔밥이 되고 싶다

밥을 비빈다
시금치, 콩나물, 고사리 몸과 마음을 섞어 비비다가
다시 고추장 참기름으로 맛을 맞춘다

푸른 잎 갈잎 서로 등 돌리고 앉았다가
어느새 혼을 섞고 있는 잎사귀 실핏줄들
붉은 내 입 속에서
온몸으로 젖어들면서 하나가 된다

그렇게 함께 섞고 섞이면서
깊은 창자 속 강줄기로
흘러드는 비빔밥의 노래

너와 나 하나 될 수 없다면
차라리 비빔밥이라도 되고 싶은데

세상 어디에도 섞이지 못하는 나는
다시 한 그릇의 꽁보리밥으로 식어 가고 있다

춤을 위한 랩소디

— 온몸 흔든다고 춤이겠느냐
온 바다 출렁인다고 다 파도겠느냐

아무도 춤추지 않는다

죽은 나무는
제 몸의 무게를 이기지 못해
잠시잠시 바람결에 가지를 뒤척일 뿐

살아 숨 쉬는 것들은 모두
지나가는 바람 자락에도
먼 바다 파도 너울만 보아도 그렇게
관절 마디마디 힘주어 흔들어 댈 뿐

손가락 발가락마저 꽃꽃이 세우고
세상길을 홀로이 걸어갈 뿐

제2부

그래, 너의 새 이름은 자유다

기러기

한 놈이 앞서 간다
옆에 놈, 그 다음 놈이 재촉재촉 따라간다

앞장서는 삶이 얼마나 갈퀴를 세워야 하는지
그놈은 모른다

함께 가는 어린 새끼들을 데불고
하늘 높이 치솟는 것이

혼자 가는 밤
한 치 앞도 보이지 않는
어떤 산 어둠보다 더 무섭다는 것도

그래, 너의 새 이름은 자유다

엊그제 산 백문조 한 쌍
첫 새벽 일어나 모이 주고 물 주며
마주 보던 어느 날

좁은 새장 속에서
고개 떨군 채 졸고 있는 녀석을 보다
가만히 만져 보는 사이
문을 박차고 휘 날아가 버린다

아, 자유
그래 너의 이름은 이제부터 자유다

세상조롱에 갇힌 채
사랑이라는 이름으로
쓸쓸히 병들어 죽어가는 너를 날려 보내는
나도,

황소의 눈물

막막 세상 어둠 바다에 돌을 던진다

물결 파문을 그리며 사라져 가는

돌멩이 하나

오늘은 누구의 가슴하늘에 풍덩! 빠져서

그렁그렁 황소울음 들을 수 있을까

겨울비

천둥 번개 몰고 와
물 매화 얼음바위 사정없이
후려치고

가시는 길목마다 참 억새 여린 칼로
실핏줄 마디마디
온몸을 끓어 내시네

사랑을 정리하세요

바르게 펴서 넣어 주세요
정리할 내용이 없습니다

여보
여보세요
빨간 장미 노란 장미 듬뿍듬뿍
보내 주세요 지금 빨리,
다시 한 번 확인하세요

다리 아프도록 줄을 서
넣어도 넣어도
되돌아 나온 화면 가득

정리할 내용이 없습니다!

바람 불다

약속 없이 달려왔습니다

어린 녀석이 자라 군인이 되고
둘째가 여대생이 된 오늘 아침

비오는 해안도로를 휩쓸며
아는 노래 다 불러 대고
찬송가까지 불러 대던 그날 떠올리며

누군가 두고 간 성경구절을 마주하며
혼자 마신 머루주에
산도 바다도 함께 들썩들썩 흐느꼈다는 그녀

지고 온 바랑 속
국화주 한 병 바람 불고 있었습니다

겨울 나루터

너무 오래 비워 둔 탓일까

사람들 떠나고 돌아오는 발자국 소리에
스스로 불 밝히며 서 있던 저기 저
녹슬은 나루터, 헐벗은 미루나무 하나

오늘은
바위너설을 건너오던 어머니의
느린 마음 걸음처럼 섬 일주로를 돌아오는
바다 안개 속에

당신의 한 생애를 모두 내려놓고
철새 떼 울음 자취마저 지워 버리고

빈 달빛 목선 한 척
시린 파도 속으로 띄워 보낸다

썰물 따라 떠나 버린 당신의 한평생을
지금은 내가 다시 걷고 있는데

겨울 언덕에 서서

철새들 꽃잎처럼 날아와
겨울 지키는 언덕에서

얼어붙은 저수지 바닥처럼
알몸 드러낸 덤불들
끼리끼리 기대고 흔들려
모진 바람몸살 앓는데

다시 겨울비 내려
붉게 발목시리다

봄이면 다시 또 피어나는
하얀 냉이꽃처럼
그대 가슴 깊숙이 뿌리 내리고 싶어라

첫눈 내리는 날

표정 없는 얼굴이 슬픔처럼 아름답다
때로는 산도, 들판도 비어서 더 그득해진 계절

그대 있어도 가슴 비어 쓸쓸하던
여름이 가고 억새풀로 흔들리는
빈 언덕에 겨울바람 종일 가슴 때려도

다가오지 못하는
내 마음속의 그대처럼

폭풍에 무너진 주남 언덕으로
누구도 돌아오지 못하네
수천수만의 철새 떼 말고는

이월에게

어디로 길 떠나는가

얼음벼랑 어디쯤에 걸려
주인 잃은 염소 떼 고삐를 끌고
당신의 하늘을 끌고

새 풀씨 찾아 산 넘고 강 건너는
키 작은 나의 그대여

빈 벌판에 목이 쉰 잔설 바람만
밤새워 부는데

가을 낙타

이제 더 이상의 그리움은
허락하지 않겠다

억새 은빛바람에 흩날리는
잎사귀들
낙타처럼 하늘 등에
달빛 별빛 담아 싣고
낯선 손님처럼 떠나가는
너의 사막 앞에서는

오늘밤도 가야 할 길이 멀다

산안개

종일 계면조로 내리던 유월 비 그치고

산등성이 너울너울 살풀이춤을 추고 있다

아니, 젖은 숲에서 풀국새도 산나리도

한 몸으로 어우러져 피어나는데

흔들려 더욱 아름다운 그대를 보면

가지 휘도록 나 흔들려 부끄러워도 좋으리

오월 비

괜찮다 괜찮다 말해 놓고
너는 돌아서 운다

잘 가라 잘 가라 말해 놓고
나도 돌아서 운다

마음속 지핀 불 끄지 못할 거라고
짝사랑에 미쳐도 소문내지 않을 거라고
귓속말로 귓속말로

꽃 지는 오월 밤엔 저렇게
저렇게 강물은 속삭이며 흐르다가

어린 갈대 잎사귀 뒤에 숨어서 운다

대설경보

얼음은 얼음끼리
눈발은 눈발끼리
끼리끼리 껴안으며 단단하게
단단하게 서로 몸을 묶어 빛나는데

강물 만나 녹아내리고
바람 만나 내려앉으면
캄캄한 하늘밤길 누가 있어 함께 가나

대설경보 내려 아무도 없는 언덕
너 있어 그리운 서릿발 세상에
이 밤 다시
얼음꽃을 피운다

겨울나무 전언

나를 그려 주세요
실루엣 창가에 다소곳 앉을게요
튀어나온 배는 실선으로 그리고
맹장수술로 퀭맨 자욱 그냥 지워 버리세요
가슴요?
좀 크고 볼록하게
엉덩이는 조금 치켜올려 주고
피부는 더 하얗게
지나간 시간들 되돌아보지 않게
그냥 목탄으로
살짝 스케치만 해 주세요

어렵게 할 건 없잖아요
앞서 가는 사람들은
눈 찢고 코뼈 세우고
비계 떼고 살던데요
우리네야 늘 눈비 맞고
생긴 대로 그냥저냥 그렇게 사는 거죠

아무렇게나 아니 좀 더 멋지게
나를 그려 주세요
그래도
하회탈 웃음 얼굴 가득 있잖아요

제3부

산 찔레를 죽이다

노가리 가라사대

명태도 아닌 것이
대구는 더더욱 아닌 것이
동해 바다 힘찬 물결 따라
치닫고 헤엄치고
입 큰 물고기들 잘도 피해 다니더니

머리 어지럽구나

잠시 앉아 손 얹어 볼 산호초 하나 없고
함께 놀아 줄 해초마저 내 마음 뿌리치니

저무는 대학로 젊은 핏방울들에 섞여 섞여
노가리 소신공양에
낯술 저 혼자 온몸 붉어지는 어느 저녁답

나비

견뎌 온 세월의 무게만큼이나
가벼워진 날개를 달고

아무 데서나 춤추지 않겠다고
아무 곳에나 다리 뻗지 않겠다고
애벌레 몸속부터 기약했는데

그대 잠든 유채밭 이랑이랑
꿈속까지 날아온 뒤

먼 산
뻐꾸기만 울어도
하늘 실은 날개가 새삼 아파 온다

너에게 배운다

낑낑대며
낑낑대며 미끄럼대를 오른다
네 살배기 어린 꼬마 녀석이

예닐곱 낮은 계단 꼭대기에 올라
잠시 손을 흔드는 순간!
그만 쪼르르 햇살 미끄럼을 탄다, 녀석은

이마에 맺힌 땀방울이 채 마르기도 전에
엉덩방아를 찧고 마는 녀석

엉엉 우는 아이 앞에서
저 건너 시루봉 할배가 고개를 끄덕인다
"그래 그래 산다는 건
모든 게 그렇게 오르고 미끄러지는
한 순간 한 순간인 게야"

진달래 입덧

소중한 것들은 먼 곳에 있다고
산 너머로 산 너머로 길 떠날 생각뿐인데

해를 넘는 산 노을에도
그대 찾지 않았는데

한나절 알몸만으로도 입덧이 나는구나
진달래, 너는.

애기메꽃이 되어

이 큰 바람길
새벽안개로 지우며

이슬방울 서늘하게 어깨 적시는
낯선 둑길에 서서 오늘은
나에게 갇혀 흐르지도 못하는 마음
강 노래를 부릅니다

애기메꽃 하나
철없이 피어나는 밤에

염소야 염소야

풋살구 단꿈 꾸니, 너

고삐만 풀어놓고
두고 온 애기 염소

혼자 남으면 힘센 이만 살 수 있다고
살구나무 머리 맞대고
버팅겨 대다가 빠져 버린 뿔

바다기슭 돌고 돌아
어느 나무 밑에 묻고 왔니

갈바람 같은 시간의 풀잎들
되새김질로 찾다가 왔니

잎사귀 점을 치다

아카시아 어린잎 너를
개울물에 띄워 보낸다

한 잎, 온다
두 잎, 안 온다
.
.
온다
안 온다 넘나들면서

홀수로 끝난 마지막
푸른 잎 하나 몸속 가득 들어와
헛배는 자꾸 불러오고

혼자 앓는 입덧으로
띠 꽃마저 앓고 있다

고마고마 생긴 대로
— 똥방치마 입으니 조선무시라 놀리고
쫄대바지로 바꿔 입으니 오리 궁뎅이라 놀려 대네

에라 모르겠다!
통치마만 입다 보니 허리까지 절구통이네

— 허리 좀 낭창낭창 배꼽티나 입어야지 —

작정하고 풀 먹으니 염소같이 눕고 싶고
기막힌 처방 약은 머리에도 쥐가 나네

— 보다 못한 그분의 묘한 한 말씀 —

“고마고마 생긴 대로 살 거래이
내 눈에는 양귀비다
앙살만 안 부리몬 양귀비한테 비할라꼬?”

찔레꽃 상여

마른 찔레꽃 한 다발 길을 건너고 있다
죽어서도 풋풋한 향기를 날리며
나 풀 나 풀

그래, 네 죄는 네가 알렸다
쉿!
약속 없는 우리의 이별은 죽음까지다

뉘 집 벽에서 거꾸로 매달리고
푸른 날을 자백하라 물 없는 병에
몇 년을 꽂힌다 해도

언제나 홀로 낮은 산을 넘고 높은 계곡을
거슬러 왔던 길로 되돌아가기란
쉬운 일이 아니리라

오늘은
찔레꽃을 따라가는 꽃상여가 눈부시다

올무

새가 되어 날아갈까
노루 되어 달려갈까

가야 할 길이 환히 보일수록
늑장 부려 떠난다는데

— 올무 속에도 길이 보인다는데 —

아직 사립문 밖에 서성이고 있는
그대, 뜬눈으로 기다리다가
새도 노루도 되지 못하고

바스러지고야 말 몸뚱아리
올무올무 조여 오는
아, 늦여름 가시철망 햇살

애벌레

한 번 날갯짓으로는 갈 수 없는
눈부신 너의 절벽 마음자리에
둥지 하나 틀고 싶네

오늘따라 빈 마음
여름장마 푸나무처럼 한정 없이
웃자라는데

만항재 별빛 따라
몸 마구 흔들어 대다가
나비되어 날고 싶네

벼랑 훨훨 건너가
너 있는 곳 내 마음자리
그곳에 깃들 수 있다면

텃새에게

이제 떠나가리라

겨우내 부리 묻고 발 저어도
얼어붙은 강물 속절없이
녹아 흐르는데
떠나고 변하는 건
언제나 우리네 마음일 뿐

산목련은 다시 피어 세상 밤길
화안히 밝히는데

언제까지 철새로 남아
저 얼음하늘을 날아가야 하는가

산 찔레를 죽이다

제초제를 뿌립니다

잘린 가지 마디마디 이슬방울 맺히는데
저놈을 쳐 죽여야 내가 살 수 있다고
뿌리까지 넘치게 마구마구 뿌려 댑니다

다시 해가 바뀌고
잠시 죽었던 가지들
잔디찰방 눈 피해 잘도 기어 나올 때

온전히 죽일 테면 가을에나 뿌릴 일이지
물오르는 사월에 제초제가 웬 말이냐는
내 투덜, 투덜거림에

그녀 — 살아생전 그 사람 저 꽃 올매나 조타캤는디
발목까지 죽이것노
오만 생각 죽일라꼬 시늉만 해 본기라 —

오늘따라 그분 생각
날가시 파랗게 세웁니다

낙타야 낙타야

꽃이란 꽃은 죄다 눈부셔야
산맥이란 산맥은 죄다 우뚝 솟아야
제 이름을 찾는다고
버거운 삶 내가 지고 간다 하신 그대

설매화 산수유 소리 없이 지고 피고
새 풀잎 서릿발 뚫고 밤길 밝혀도
이 넓은 땅

한 방울 눈물마저
어디쯤 버려야 할지 알 수가 없네

그대가 사막 속으로 들어간 후에도
눈발은 그치지 않고

꽃게에게 길을 묻다

제 갈 길로 간다

물 빠진 갯벌을 따라
어지럽게 춤을 추는
꽃게 돌게들

그녀가
초롱불 찬란하게 심지 돋우고
세상으로 통하는 문고리를 찾을 때까지
고동들이 해초들이 하찮은 불가사리마저도
파도와 함께 출렁이던 나루터

있어도 찾지 않으니
보이지 않던 길 따라

등 굽은 그녀 데불고 한세상
갯벌, 바위길 잘도 잘도 찾아간다

겨울, 구절초

저 혼자 피는 꽃은 꽃도 아닌 것을
저 혼자 가는 삶은 삶도 아닌 것을

움켜쥐면 바스러질 이 작은 몸뚱이 하나

풀잎

비바람 오실 때 말없이 먼저
엎드려 죄 없는 죄 비는 이

가신다 하면 일어서서
또 말 못하고 뒷모습만
바라보는 그이

만남과 헤어짐의 때도 모르고
계절마다 혼자 흔들리는
내 앞에다

그리움의 홀씨 하나 말없이 남긴 채
훌훌 혼자 길 떠나는 이

제4부

갈 수 없는 나라

외도에서 길을 찾다

닻 내리지 못합니다

대마도 서이말 파도 이랑 넘어 넘어
세상바다에 빠진 후로는

사람답게 사는 길은
제 마음 등불삼아
몸 가는 대로 걷는 일뿐이라고

어젯밤 술안주로 먹어 버린
한 마리 등 굽은 새우가 되어
뜨거운 소금밭 세상
오늘도 꽁지 바둥바둥 걸어갑니다

의림사 가는 길

작은 개울 만나 잠시 길을 묻는다

그러다 문득 내 멈춘 곳
가만히 내려다보니
아, 놀라워라

이토록 얕은 물에
겨울산이 엎드려 살고 있다니
실핏줄까지 드러낸 나무들
거꾸로 서서 한평생 살고 있다니

순간, 가랑잎 하나 날아와
애기물결 바람에 어깨춤 추고
산도 나무도 빈 메아리로 사라지네

그렇구나
저토록 얕은 물도 산 가득 품는구나
흔들리지 않으면

작은 일에도 파르르 얼굴 붉히던 어제가
부끄러이 떠오른다

도축장 가는 길

왕방울 누렁소 한 마리 실려 떠나가네
덜컹거리며 달리는 트럭 칠성판 위에
앞발 뒷발 버팅기며 선 채로 끌려가네

다시는 돌아오지 못할 골짝 메아리 가득
제 죽음을 알리는 목쉰 저승의 울음소리

산까치 어린 산새들 일제히 몸을 낮추며
추모 비행을 하네

완전히 죽고서야 온전히 되살아나는
저 풀밭 같은 소금세상
제 잘난 척 목청 높이는 그 누구도

살아갈 날이 또
죽을 날이 그 언제인지도 모른 채
앞뒤 발끝 힘주며 산길 떠내려가고 있네

산양 포구에서

어둠이 몰려온다
한 끼의 삶에 목숨을 걸던 괭이 갈매기들처럼

돌아온 뱃전에 둥지를 틀고
묶고 묶이어서 혼자 흘러갈 수 없는
부표 더미들처럼

함께 출렁이다 머무는 거기
섬과 섬 사이, 너 없는 바다

이런 날에는
부서진 등대에도 불을 밝히고
침몰하지 않는 배 한 척 띄우고 싶다

우리 함께 가야 할 저 물길에
겨울 새벽별처럼 더 멀리 흐르는

어떤 사내에게
— 옥녀봉에서

기어서라도 가리라
기어이 너를 찾아
삶의 꼭대기까지 올라가리라

천둥 번개에 묻혀 아득히 들려오는
저 늙은 들소의 울음소리들

사랑호 갑판 위에서 문득
뒤돌아보던 그 사내가 아닐까

누구는 그렇다 하고
누구는 아니라 하지만
또 누구는
이 시대의 사내가 다 그렇다 하는데

오늘 조간신문 한 켠에 실린
검은 모자를 푸욱 뒤집어쓴 그 사내
딸을 훔친 그 사내
내 오장육부 살점을 쭈욱 찢고 가네

서래봉 단풍

모질게 가을비 뿌리네

처음부터 발목 잡지 못한
네게로 가는 마음
뿌려도
뿌려도 들불 마음만 번지는데

먼 산
혼자 얼굴 붉히고 서 있는
단풍나무 저를 우얄꼬

우얄꼬
제 몸 함께 내 몸 불붙는 걸

갈 수 없는 나라

산 오르지 못합니다
남원골 어디쯤에서 우리 만난 후로는

둥치는 둥치끼리
뿌리는 뿌리끼리
단단히 서로 서로 몸을 엮어 빛나던

삶의 한바다에서
문득 그리워져 찾아갈래도
어디쯤인지 갈 수 없는 나라

가까이 있는 산은 산 같지 않아서
가까이 있는 그대는 그대 같지 않아서
오늘도 산길 가다 다시 돌아봅니다

매화마을 건너서

어찌 만남의 설레임이
이별의 아픔만 하랴

섬진강 물결 속에 설매화 가득 피고
잠 덜 깬 가시덤불들
잔설 바람에 흔들리는데

산 넘고 물 건너 그대에게 가는 길

꽃은 봄바람처럼 눈부시고
길 너무 갈꽃처럼 아득해
차라리 낮술 한 잔으로
연분홍으로 젖고 싶네

하늘 먼 마을
산수유 꽃잎에 얹힌
춘향이 사랑가는 서녘 노을로 가득하고
남원 땅은 저승처럼 멀기만 하고

꽃도 아니라고?

— 문신미술관에서

포즈를 잡는다
젊은 날 추억 하나 멋지게 남기자며
연분홍 패랭이꽃 옹기종기 앉아 있는
미술관 뜰에서

지나가는 무리들 속
비수처럼 꽂혀 오는 한 마디

'나이들몬 꽃보담 푸른 것들 옆으로 자리를 옮겨야제 꽃도 아닌데...'

장미폭죽 터뜨리는 담벼락 훔쳐보며
그리운 이름 이제 마악
다시 떠올려 보고 있는데
찔레꽃 모란꽃 다투어 피어나는데

이 봄, 날더러 참말로 우짜라꼬

놋다리 밟기

— 기다릴수록 더디 오는 님이여

눈물이 고여
얼어 버린 강물같이
녹슬지 않은 세상파도에 발을 담근다

— 어깨, 몸 허리 껴안으며 버선발로 오시나요
님이시여 —

등 굽은 하늘 밟고 그대 오시면
발목 시린 내 삶의 속내도
강물, 강물로 풀리시나요

수우도에서

깨어 있어야 그리운 이 다가오고
아픔도 모여야 큰 힘이 된다기에
어둠 속 더욱 밝아 오는
등대 길을 따라 걷는다

간밤 지상을 수놓던 별들은
모두 하늘로 돌아가고

어둠 속 바위 둥치에
파도처럼 쓰러진다

긴 날
바다 안개처럼 혼자 걸어온
저 물길 이랑에
벼릿줄 한 자락 소리 없이 풀어 놓고

가을, 내포리

철새들은 날아가는 곳이
제 길이고 집이라는데

푸른 초승달 뜨는 저녁에
생량머리 가득

산 구절초는 왜
혼자 피고 지고 있을까

배를 타세요
— 명지포구에서

꽃무늬 옷은 사절입니다
짙은 화장도

그대 붉은 여우입술에 놀라
도망치려 해도
다시 날기 위해서는 얼어붙은 강물 밟고
꽁지 빠지게 달려야 겨우 날 수 있을 테니까요

한 번 맺은 짝
그 헌 짝 버리고 먼 길 가기에는
날개 너무 짧아 저리기만 합니다

봄밤이여!
그대 다시 오신다면
만리 파도 길에 실려 오는 고방오리 홍머리오리
뒷모습만 살짝 훔쳐보고
뱃길만 흔들어 놓고 그냥그냥 가시구려

제5부

눈물, 녹슬다

눈물, 녹슬다

사막의 마른 풀이 되고 싶었네
한 방울 비에도 얼른 뿌리내리는

녹슨 철망에 걸린 눈물마저
바위 끝에 빗방울로 부서져
흘러 새벽에 닿지 못하고

눈을 뜨고 나를 보아도
나 또한 내게서 너무 멀리 있는데
산새 물새 함께 우는 구절양장 물길 따라

마른 네 가슴 끝까지 내가 흘러
강물 되어 흘러가는 이유를
아직도 나는 모르겠네

넝쿨에게 길을 묻다

양철지붕 사이사이
박꽃 달빛

손을 뻗쳐 내 발에 밟힌 녀석은
넝쿨, 열매 그만 으깨지고 말았다

산을 내려오면서
솔가리 몇 개 주워 지붕 끝에 걸치고
길 열어 주었더니 오늘은
낡은 가지를 붙잡고 새 길을 묻고 있다

때를 만난 녀석은
불빛 없는 산길까지 조용조용 불 밝힌다

모르는 일

한 번뿐일까?
하늘 몰래 주먹질한 것

들꽃 몰래 곁눈질 깜빡인 것
붉은 신호등에 건너간 횡단보도를
언제나 달려가면서도 늘상 뒷걸음질로
도망치고 싶었던 나날들

꿈속에서도 차마 하지 못한
그 한 마디

바다 보면 산 그립고
산 보면 너 안타까운
이 화려한 슬픔의 산그늘까지

곁가지를 치다

고추나무 곁가지를 친다

풀국새 소리에
선잠 깬 아침 텃밭에서
잘라도 다시 사는 어린 가지를 자른다

온전히 잘라야
온전히 열매 맺는 것이
어디 고추나무뿐이랴

우리도 저와 같아서
때때로 저 혼자 자라던 안개꽃
자르고 눌러야 할 날들
어디 한두 번이던가

두려워 차마 버리지 못하고
버겁게 지고 가는 삶
어디 어제 오늘뿐이던가

콩나물을 키운다

요놈들 봐라!
꼿꼿이 서 있는 놈
비스듬히 누워 있는 놈
거꾸로 물구나무 선 놈

제멋대로 노는 유치원교실 아이들이다

아침저녁 물을 주다
순간 살짝
보자기 밀치고 들여다보니

그 좁은 항아리 속에서도
제각각 손 뻗고 발 구르며 누리고 있는
저, 절대 자유

좁은 길이 아름다운 이유

사람의 몸 내음이 저녁놀처럼 배어 있기 때문입니다
언제나 그 자리에 그대로 계시기 때문입니다
산 높이 올라 바라보면 사람 사는 이승의 동네가 더욱 그리워지듯
아련한 그리움의 향기, 외로움으로 깊어 가기 때문입니다

뜨거운 만남 뒤 끓어오르는 마음 다스리려 빗방울 편지를 쓰듯이
이제사 기다림으로 그대! 라고 외마디 말 써 봅니다
더디고 또 더딘 걸음으로 새벽을 기다리면서

당신은 다시 내 외로움과 그리움의 시작이 됩니다

쉼터

텃새 발자귀조차 숨길 수 없는
함박숫눈 언덕길
저 혼자 떨어져 내린 가랑잎 하나

어린 새 잠시 앉았다 가는
따스한 체온의 쉼터가 되는구나

얼음산 되어 단단히
생각만 해도 깨어져 버릴 것 같은
우리 오랜 기억들

바위처럼 단단히
나를 앉히며

마지막 그리움

새벽별 지기 전에 너를 지운다
산새 소리 도랑물 소리도 함께 버린다

그러다 문득 뒤돌아보니
점점 멀어지는 내 사는 이승의 주소

우리 네 식구 마음 부비고
때때로 눈 흘기며 살아온 둥지, 거기

훌훌 벗어던지고 싶더니만
멀리서 바라보니 슬프도록 그립다

가을 유훈遺訓

하늘 눈부셔 길 잃었습니다

달빛이 차갑게 비춰도 멀리 있는 그대가
더욱 따뜻이 다가옵니다

그런데
언제부턴가 마음 놓고 울지도 못합니다
별빛도 바람꽃도
모두 나만 바라보고 있기 때문입니다

우주 한 모퉁이에 서 있는 나를
빙글빙글 돌리면서
하늘 한가운데로 데리고 가

혼자 된 채로
더 오래 남아 있게 하기 때문입니다

저녁 숲에서

산새들 오가는 바람길만 보인다

깃털 터는 소리 하나 들리지 않고
어두울수록 더 훤히 길을 내고 있는 도라지
백도라지꽃 무리

사람은 사람끼리
들꽃은 들꽃끼리 몸을 묶어야
힘이 되어 사는 세상

살아 있는 것들은 목청 너무 높다고
숲이 어디 고요하냐고
마음 막고 귀 닫던 그 새벽

다시 그리워 서럽다

묻지 마오

너, 왜 홀로 피느냐고 묻지 마오

동백꽃 저 혼자 피었다 지고
봄비, 왕벚나무 발목 뿌리까지 적실 때
빈 들판에서 온몸 젖는 나를 보고

왜 거기서만 피느냐고도 묻지 마오

우리는 언제나 함께 때로는
혼자 들길 가는데
그래도 봄이 되면 맨 먼저 눈 뜨는 나
그냥 그렇게 바라보기만 해 주오

그대 가신 뒤
— 고니에게

산이 산으로 보이지 않고

그리움이 그리움으로 남지 않는
먼 하늘

얼음 눈부신 강가에 앉아
시린 발 숨기며 숨가쁘게 헤엄치던
꿈속의 나를 보면서

잊혀졌던 눈물에 길 흐려지는
그대 목 울음소리는
처음부터 듣지 말아야 했네

하늘 운판을 두드리다

놀란 소나무 우듬지 애기눈들이
화들짝 내려앉는다

저렇게 적막을 깨뜨리는 당신
이제는 가랑잎 하나 바스락거리기만 해도
하늘 문으로 귀를 연다

그리운 것들은 그대로 두어야 한다고
그것마저 잃어버리면 마음에
된서리 칠 거라고

먼 갯바위에서
딱따구리 한 마리 온종일
마음하늘 운판을 두드리고 있다

봄의 소리 왈츠

우르르 염소 떼 지날 때 풀잎들 사운사운대는 소리

겨울잠 자던 나무 뿌리들 봄 되어
꿈틀꿈틀 일어서는 소리

진달래꽃 피어 봄의 실핏줄 산에 들에 뻗어 가는 소리

높아지는 땅과 낮아지는 하늘이 만나
서로서로 몸 여는 소리

들꽃에게 배우다

질경이나 민들레는 들길에 있어야
제 모습이라고 그렇게 말해 놓고

노루귀 별꽃 홀아비 꽃대
무더기로 필 때까지
너에게 가지 못했다

사람과 사람 사이에 만남과 헤어짐이 있고
나무와 들꽃과는 그리움과 외로움이 있다는 것을
미처 알지 못했다 나는

때때로
산은 사람들에게 몸을 기대고
강은 철새들과 서로 마음을 기대야만
함께 어울려 살 수 있다는 것도
긴 여행 뒤에서야 느끼는 쓸쓸함처럼

너 떠난 뒤에서야 알 수 있었다

칸나 연정

눈 내리지 않아도 뒤돌아보면
걸어왔던 길 모두 지워 버리고
우리, 어디쯤에서 산새 소리 들으며
뒤돌아섰던가

삶은
너처럼 찬란하지도
또 슬프지도 않다는 것을
다가서면 더없이 어두워지는 것을
돌아서면 더없이 밝아 오는 불빛인 것을

오늘도 세상 끝 어디쯤에 네가 피고 진다고
산까치 쩡! 쩡! 울어 대는데

그리움 하나 운명처럼 안고
풀꽃들 떼새로 사라져 가는데

작품 해설

고단한 세상 홀로 건너가기

김 재 홍

(문학평론가 · 경희대 교수)

'안시顔施' 라는 옛말이 있던가. 밝고 상냥한 얼굴로 사람들에게 편안한 마음을 베푼다는 뜻이리라. 오늘날과 같이 비정한 기계주의, 인색한 물신주의가 판침으로써 누구나가 다 굳고 무표정한 얼굴로 살아가는 시대에 꼭 필요한 말이고 마음자세가 아닌가 한다. 경제 사정이 넉넉지 못해 물질로 베풀지 못한다 할지라도 밝고 화안한 미소, 넉넉한 얼굴표정으로 사람들의 어둡고 구겨진 마음을 펴 주고 풀어 주는 일이 소중하다는 뜻이 되겠다.

내가 운해韻海 김미숙 시인을 생각하면 떠오르는 것이 바로 이 안시라는 말이고, 언제나 넉넉한 웃음을 머금고 있는 그 마음자세이다. 유치원을 손수 경영하는 한편 열심히 공부하여 박사학위를 받아 대학에서 연구 · 봉사하는가 하면 갖가지로 지역사회 · 사회단체에 이바지하느라 또 시를 쓰느라고 몸과 마음이 힘겨울 터인데도 그는 찌푸리는 일 없이 늘상 주변에 안시를 베풀고 있는 것으로 여겨지기 때문이다. 그런 좋은 이웃, 오랜 도반이 있다는 사실만 해도 오늘날과 같은 경색된 시대에 얼마나 마음 든든한 일인가 감사한 생각이 들곤 한다.

김 시인은 1998년 등단하여 올해 10년이 되는 시인이다. 첫 시집 『피는 꽃 지는 잎이 서로 보지 못하고』(2000)를 간행한 이후 8년 만에 다시 펴내는 제2시집 『눈물, 녹슬다』의 출간을 축하하고 격려하는 뜻에서 간략히 그 시세계를 살펴보기로 한다.

1. 실존의 불안 또는 단독자 의식

첫 시집에서 시인은 대략 사랑이란 무슨 의미를 지니고, 어떻게 사는 것이 과연 가치 있는 일인가 하는 존재론적 탐색을 보여 준 것으로 이해된다. 아울러 '참 나'를 찾고 마음을 비우려 노력함으로써 자유에의 길로 나아가려는 안간힘을 보여 주기도 했다.

이런 첫 시집의 모색은 이번 시집에서도 일정 부분 지속된다. 그러나 이번 시집에서는 현실과 부딪치면서 겪을 수밖에 없는 실존적인 고통과 번민을 더 생생하게 표출하고 있다는 점이 특징이다.

닻 내리지 못합니다

대마도 서이말 파도 이랑 넘어 넘어
세상바다에 빠진 후로는

사람답게 사는 길은
제 마음 등불삼아
몸 가는 대로 걷는 일뿐이라고

어젯밤 술안주로 먹어 버린
한 마리 등 굽은 새우가 되어
뜨거운 소금밭 세상
오늘도 꽁지 바둥바둥 걸어갑니다
—「외도에서 길을 찾다」 전문

시집에서 먼저 드러나는 것은 세상살이의 힘겨움이고 그로 인한 불안과 두려움 그리고 외로움이다. 세상바다에 쉬 닻 내리지 못하는 일, 즉 삶에 깊이 뿌리내리지 못하는 실존의 불안과 외로움이 표출돼 있는 것이다. "닻 내리지 못합니다// 뜨거운 소금밭 세상/ 오늘도 꽁지 바둥바둥 걸어갑니다"라는 구절 속에는 그러한 실존의 불안과 힘겨움이 제시돼 있는 것으로 해석되기 때문이다. 특히 '소금밭 세상'이란 표현 속에는 현실의 쓰라린 고통과 시련이 표상돼 있음은 물론이다.

세상바다에 빠져
허우적거린다

지구를 반 바퀴나 건너온 지금도

앞서 가는 이들은 처음부터
평영 배영 접영
잘도 헤엄쳐 가는데

뱃길은 파도 너울을 따라가고
사랑은 아픔의 까치놀 길잡이로 세운다는데

아직도 나는
막막한 세상바다에 빠져
개헤엄을 길잡이로 허우적거리며 간다

—「개헤엄으로 바다를 건너다」 전문

그러기에 그것은 허우적거림이고 뒤뚱거리는 모습으로 표출된다. 위태로운 실존의 모습이자 고단한 현실인식이라 하겠다. “아직도 나는/ 막막한 세상바다에 빠져/ 개헤엄을 길잡이로 허우적거리며 간다”라는 결구 속에는 이러한 실존의 불안과 비관적인 삶의 인식이 잘 드러나 있음을 본다. 그런데 여기에 한 가지 주목할 사실은 이러한 실존의 불안과 비관적 현실인식이 ‘나는 혼자’라고 하는 단독자 의식으로 집중화되고 있다는 점이다.

저 혼자 피는 꽃은 꽃도 아닌 것을
저 혼자 가는 삶은 삶도 아닌 것을

움켜쥐면 바스러질 이 작은 몸뚱이 하나

—「겨울, 구절초」 전문

저무는 대학로 젊은 핏방울들에 섞여 섞여
노가리 소신공양에
낮술 저 혼자 온몸 붉어지는 어느 저녁답

—「노가리 가라사대」 부분

함께 가는 어린 새끼들을 데불고
하늘 높이 치솟는 것이

혼자 가는 밤
한 치 앞도 보이지 않는
어떤 산 어둠보다 더 무섭다는 것도

—「기러기」 부분

시집의 도처에는 이러한 실존의 외로움 또는 단독자 의식을 드러내는 시편들이 다수 발견된다. 인용시에서도 "저 혼자 피는 꽃/ 저 혼자 가는 삶", "낮술 저 혼자 온몸 붉어지는", "혼자 가는 밤" 등의 구절에서 보듯이 '혼자' 또는 '홀로'로서 단독자 의식이 지속적으로 표출되고 있는 것이다.

이러한 단독자 의식은 실상 모든 존재자들이 느낄 수밖에 없는 운명의 형식에 해당한다. 세상에서 모든 인간은 혼자 태어나서 세상에서 사람들과 어울려 함께 살아가지만 궁극적으로는 다시 홀로 죽어갈 수밖에 없는 영원한 단독자인 까닭이다. 이렇게 시집 도처에 불안한 실존의 내면풍경으로서 '홀로/혼자' 로서 단독자 의식이 표출되고 있는 것은 그만큼 현실의 삶이 힘겹고 고단하다는 사실을 제시하는 것과 함께 그런 만큼 갈수록 더욱 외로워지고 '홀로' 를 절감할 수밖에 없는 '외로움/고독' 이 깊어지고 있다는 뜻이 되겠다. 삶의 본질 또는 운명의 원상에 근접해 가고 있다는 사실을 의미한다고도 할 수 있으리라.

2. 세상 감옥과 비극적 세계인식

그렇다면 이러한 실존의 불안과 비관적 현실인식 그리고 단독자 의식이 심화돼 가는 것은 무슨 까닭일까? 한 마디로 그것은 세상살이가 그만큼 더 힘들어지고 외로움이 깊어졌다는 비극적 세계인식에 기인하는 것이 아닌가 한다. 살아갈수록 삶은 그 눈높이만큼 힘겨워지고 더욱 외로워지는 것이기에 비극적인 세계인식으로 나아갈 수밖에 없다는 뜻이 되겠다.

왕방울 누렁소 한 마리 실려 떠나가네
덜컹거리며 달리는 트럭 칠성판 위에
앞발 뒷발 버팅기며 선 채로 끌려가네

다시는 돌아오지 못할 골짝 메아리 가득
제 죽음을 알리는 목쉰 저승의 울음소리

산까치 어린 산새들 일제히 몸을 낮추며

추모 비행을 하네

완전히 죽고서야 온전히 되살아나는
저 풀밭 같은 소금세상
제 잘난 척 목청 높이는 그 누구도

살아갈 날이 또
죽을 날이 그 언제인지도 모른 채
앞뒤 발끝 힘주며 산길 떠내려가고 있네

—「도축장 가는 길」 전문

도축장으로 가면서도 어디로, 왜 가는지도 모르고 그냥 그렇게 끌려가는 소의 모습이란 무엇을 상징하는가? 그것은 죽음, 즉 허무로 나아가는 소의 운명이면서 동시에 무덤을 향해 걸어가는 허무의 존재sein zum Tod로서 인생의 모습을 표상한 것이 아니겠는가. 다시 말해 모든 생명들, 인간이란 불안한 실존을 살아가는 고독한 존재이면서 동시에 죽음을 향해 한 발 한 발 다가가는 허무의 존재, 죽음의 존재로서 운명의 표정성을 드러낸 것이라는 뜻이다. 그만큼 세상을 바라보는 눈이 비극적인 세계인식으로 깊어지고 있다는 뜻이 되겠다. “저 풀밭 같은 소금세상/ 제 잘난 척 목청 높이는 그 누구도// 살아갈 날이 또/ 죽을 날이 그 언제인지도 모른 채/ 앞뒤 발끝 힘주며 산길 떠내려가고 있”다는 결구 속에는 모든 존재자의 내면 속에 자리한 보편적 모습으로 고독과 허무라는 운명의 형식에 대한 비극적 세계인식이 담겨 있다는 말이다.

그렇다면 이러한 비극적 세계인식의 동인은 과연 무엇이며, 어디에서 비롯되는가? 아마도 그것은 현실에서의 절망스런 체험들로부터 비롯된 게 아닌가 한다.

다음 시가 그 직접적인 한 예증이 되겠다.

> 밀치며 고함치며 헛발질만 하다가/ 세상길 끊어져 버렸네/ 뚝뚝 떨어져 내리던 내 붉은 살점 핏덩이에 놀라// 나가는 문조차 살아 있는 것조차 혼곤하여/ 보이지 않았네// 강아지풀마저 쭈뼛 머리칼이 서 버린/ 아침 숲길에서/ 온몸으로 달려들던 그 붉은 들개 한 마리// 수술대 위에 개처럼 엎어져 싹뚝싹뚝/ 잘려 나가는 내 찢어지는 살의 비명을 들으며/ 문 열고 어디론가 달아나고 싶었네// 스스로 닫아걸었던 마음 빗장 문을 열고/ 싸늘하게 돌아섰던 얼굴들 찾아/ 피 따뜻이 돌 때 돌아/ 마음 빌려 돌아가려 하였네
>
> —「세상 들개 지옥 속에서」 전문

한 마디로 그것은 산책길에서 부딪친 들개와의 격투와 그로 인한 처절한 절망 체험에 기인하는 것이 아닌가 한다. 인용시에서 제시된 내용이 그것이다. 아침 산길에서 마주친 붉은 들개에 느닷없이 물려 사투를 벌이는 그 모습이 생생하게 제시돼 있는 까닭이다. "밀치며 고함치며 헛발질만 하다가/ 세상길 끊어져 버렸네/ 뚝뚝 떨어져 내리던 내 붉은 살점 핏덩이에 놀라"라는 구절 속에서 현실세계가 온통 들개들이 판치는 아수라 지옥의 모습으로 제시돼 있는 것이다. 특히 "수술대 위에 개처럼 엎어져 싹뚝싹뚝/ 잘려 나가는 내 찢어지는 살의 비명을 들으

며/ 문 열고 어디론가 달아나고 싶었네" 라는 구절에서 보듯이 세상은 하나의 감옥, 아니 지옥과 같은 형상으로 묘파돼 있는 모습인 것이다. 실상 부정적, 비관적 관점에서 생각해 보면 세상이란 쓰라린 소금밭이고 들개들 난무하는 처참한 생존경쟁, 약육강식, 살육의 아수라 현장, 그 아니고 무엇이겠는가?

이처럼 현실세계는 시의 화자에게 처절한 고통의 현장이고 나아가서 쓰라린 절망의 감옥으로 다가오는 모습인 것이다. 그만큼 세상살이가 나날이 각박해지고 살벌해짐으로써 인간상실, 생명상실로 치달아 가는 모습을 리얼하게 제시한 것으로 보인다. 바로 이 점에서 시인에게 세상은 하나의 감옥 또는 지옥의 모습이고 그러기에 비극적인 세계인식이 심화돼 갈 수밖에 없는 것이라 하겠다.

3. 자유로운 정신을 위하여

그러기에 시집에는 현실 감옥에서 벗어나기 또는 들개 지옥에서 벗어나서 해방되고 싶다는 해방과 자유에 대한 갈망이 지속적으로 분출돼 관심을 환기한다. '춤' 의 표상이 바로 그 대표적인 한 상징이 된다.

① 아무도 춤추지 않는다

죽은 나무는
제 몸의 무게를 이기지 못해

잠시잠시 바람결에 가지를 뒤척일 뿐

살아 숨 쉬는 것들은 모두
지나가는 바람 자락에도
먼 바다 파도 너울만 보아도 그렇게
관절 마디마디 힘주어 흔들어 댈 뿐

손가락 발가락마저 꼿꼿이 세우고
세상길을 홀로이 걸어갈 뿐

—「춤을 위한 랩소디」 전문

② 온몸 흔들고 싶다/ 살사 스윙 밸리댄스가 아니라도/ 춤추고 싶다// 붉은 조명이 없어도/ 머릿속이 캄캄해지도록 음악의 파도에 출렁이며/ 세포 하나하나 꼿꼿이 일어서는 그런 춤을// 살면서 마음 놓고 하지 못한 말/ 때로는 발을 구르며/ 목청 높여 고함이라도 지르고 싶던 날들/ 어디 한두 번이었던가// 가슴 막막한 날에는 그저/ 발가락춤 어깨춤/ 손가락춤 눈꼬리춤으로/ 빙빙빙 돌고 뛰면서 온몸으로/ 온몸으로 막춤 한 번 질펀하게 추고 싶다

—「춤, 춤 벙어리춤을 위하여」 전문

먼저 시 ①에는 현실상이 춤이 없는 세상, 아무도 춤추지 않는 세상의 모습으로 제시된다. "아무도 춤추지 않는다// 죽은 나무는/ 제 몸의 무게를 이기지 못해/ 잠시잠시 바람결에 가지를 뒤척일 뿐"과 같이 춤이 없는 세상, 즉 흔들림으로서 변화

또는 자유의 몸부림이 없는 세상이란 마치 죽은 나무와 같은 형상이라는 인식이 제시돼 있는 것이다. “살아 숨 쉬는 것들은 모두/ 지나가는 바람 자락에도/ 먼 바다 파도 너울만 보아도 그렇게/ 관절 마디마디 힘주어 흔들어 댈 뿐”에서 보듯이 살아 있음이란 움직이는 것, 변화하는 것으로서 흔들리는 모습으로 표상된다. 다시 말해 움직이는 것, 변화하는 것으로서 자유에 대한 갈망과 지향이야말로 생명의 본성이고 생명을 생명답게 만들어 주는 근원적인 힘으로 작용한다는 인식을 담고 있는 것이다.

바로 여기에서 시 ②가 의미를 지닌다. “온몸 흔들고 싶다/ 살사 스윙 밸리댄스가 아니라도/ 춤추고 싶다”라는 구절은 바로 생명의 꿈틀거림으로서 자유에 대한 갈망과 지향을 제시한 것으로 해석되기 때문이다. 춤이란 무엇인가? 그것은 무게를 지닌 육신이 스스로 가벼워지기 위한 몸짓, 또는 몸무게를 덜어 내고자 하는 몸부림이 아니겠는가. 말하자면 춤이란 온갖 욕망으로 점철된 현실 감옥과 질곡과 조건으로 가득 찬 육신의 감옥으로부터 벗어나서 정신의 자유를 찾고 누리기 위한 몸부림과 갈망을 표상한다는 뜻이다. “가슴 막막한 날에는 그저/ 발가락춤 어깨춤/ 손가락춤 눈꼬리춤으로/ 빙빙빙 돌고 뛰면서 온몸으로/ 온몸으로 막춤 한 번 질펀하게 추고 싶다”라는 결구 속에는 이러한 자유지향성이 강렬하게 표출되고 있는 것이다. 다음 두 편의 시에도 이러한 자유에 대한 갈망과 지향이 선명하게 드러난다.

엊그제 산 백문조 한 쌍

첫 새벽 일어나 모이 주고 물 주며
마주 보던 어느 날

좁은 새장 속에서
고개 떨군 채 졸고 있는 녀석을 보다
가만히 만져 보는 사이
문을 박차고 휘 날아가 버린다

아, 자유
그래 너의 이름은 이제부터 자유다

세상조롱에 갇힌 채
사랑이라는 이름으로
쓸쓸히 병들어 죽어가는 너를 날려 보내는
나도,

—「그래, 너의 새 이름은 자유다」 전문

요놈들 봐라!
꼿꼿이 서 있는 놈
비스듬히 누워 있는 놈
거꾸로 물구나무 선 놈

제멋대로 노는 유치원교실 아이들이다

아침저녁 물을 주다
순간 살짝
보자기 밀치고 들여다보니

그 좁은 항아리 속에서도
제각각 손 뻗고 발 구르며 누리고 있는
저, 절대 자유

—「콩나물을 키운다」 전문

앞의 시에서 새 또한 날개와 날아오름의 속성으로 해서 자유를 표상한다. "아, 자유/ 그래 너의 이름은 이제부터 자유다"라는 구절 속에는 생명의 본성 또는 존재의 본질적 속성으로서 자유가 필수적인 요건이며 충분조건이라는 뜻이 담겨져 있다.

뒤의 시에서도 "그 좁은 항아리 속에서도/ 제각각 손 뻗고 발 구르며 누리고 있는/ 저, 절대 자유"와 같이 자유가 당위적인 운명의 형식이라는 깨달음을 제시하고 있는 것이다. 그만큼 삶이 고단하고 힘들 뿐만 아니라 그러기에 자유의 실현을 통해 비로소 생명이 더욱 생명다워지고 삶이 한 차원 높게 고양될 수 있음을 강조한 내용이 되겠다.

4. 목마름 또는 마지막 그리움을 위하여

그렇지만 삶에 있어서 완전한 해방, 생의 본질적 속성으로서 궁극적인 자유의 실현이란 과연 가능할 것인가? 아니다. 그렇게 말처럼 쉽지는 않으리라. 또한 해방이란 구속이 있기에 의미가 있는 것이며, 자유 또한 억압이 존재하기에 상대적으로 소중한 것이다. 다시 말해 해방과 자유를 갈망하고 지향하지만 그것은 어디까지나 살아 있기에 소중한 것이고 삶이 지속되기에 참 의미를 지닐 수 있다는 뜻이다.

놀란 소나무 우듬지 애기눈들이
화들짝 내려 앉는다

저렇게 적막을 깨뜨리는 당신
이제는 가랑잎 하나 바스락거리기만 해도
하늘 문으로 귀를 연다

그리운 것들은 그대로 두어야 한다고
그것마저 잃어버리면 마음에
된서리 칠 거라고

먼 갯바위에서
딱따구리 한 마리 온종일
마음하늘 운판을 두드리고 있다

—「하늘 운판을 두드리다」 전문

여기에서 제시되는 것이 바로 그리움이고 사랑이다. 목숨이 있는 한 생명은 무언가를 소망하고 또 기다리기 마련이다. 이러한 소망과 기다림의 마음을 그리움이고 사랑이라고 할 수 있을 것이다. 그렇다. 시의 화자에겐 해방과 자유가 생에서 필연적인 것처럼 그리움과 사랑 또한 필수적인 생명 현상이고 당위적인 생존 조건이 아닐 수 없다.

새벽별 지기 전에 너를 지운다

산새 소리 도랑물 소리도 함께 버린다

그러다 문득 뒤돌아보니
점점 멀어지는 내 사는 이승의 주소

우리 네 식구 마음 부비고
때때로 눈 흘기며 살아온 둥지, 거기

훌훌 벗어던지고 싶더니만
멀리서 바라보니 슬프도록 그립다

—「마지막 그리움」 전문

사람의 몸 내음이 저녁놀처럼 배어 있기 때문입니다
언제나 그 자리에 그대로 계시기 때문입니다
산 높이 올라 바라보면 사람 사는 이승의 동네가 더욱 그리워지듯
아련한 그리움의 향기, 외로움으로 깊어 가기 때문입니다

뜨거운 만남 뒤 끓어오르는 마음 다스리려 빗방울 편지를 쓰듯이
이제사 기다림으로 그대! 라고 외마디 말 써 봅니다
더디고 또 더딘 걸음으로 새벽을 기다리면서

당신은 다시 내 외로움과 그리움의 시작이 됩니다

—「좁은 길이 아름다운 이유」 전문

이 두 편의 시에는 삶에 있어서 그리움과 사랑이야말로 인간

이 마지막까지 간직할 수 있는 소망이며, 생명이 지속되는 한 필요한 필수조건이고 충분조건이라는 데 대한 인식이 제시돼 있는 것으로 해석된다.

먼저 앞의 시에서 "우리 네 식구 마음 부비고/ 때때로 눈 흘기며 살아온 둥지, 거기// 훌훌 벗어던지고 싶더니만/ 멀리서 바라보니 슬프도록 그립다"라는 결구에서 볼 수 있듯이 가족애, 혈육에 대한 그리움과 사랑이야말로 삶에 있어 처음부터 마지막까지 소중하고 필수적인 요소라는 인식이 담겨져 있는 것이다. 현실이 힘들고 세상살이가 고단하기에 해방과 자유를 갈망하지만, 그것도 결국은 다시 가족·혈육에 대한 그리움과 사랑으로 수렴될 수밖에 없다는 운명애를 노래하고 있는 것이다.

뒤의 시에서는 이러한 가족애로서의 그리움과 사랑이 보다 보편적인 것으로 확대되어 나타난다. 그리움과 사랑은 가족과 친척에 있어서도 필수적인 조건이자 운행원리이지만 그것은 모든 존재자에 있어서도 똑같이 해당되는 것이기 때문이다.

"당신은 다시 내 외로움과 그리움의 시작이 됩니다"라는 결구는 모든 생명 있는 것들에 있어 그리움과 사랑이 생존의 기본조건이고 궁극적인 원리이자 목표라는 뜻을 담고 있는 것으로 해석되기 때문이다. 현실적인 삶이 힘들고 육체를 지니고 살아가는 것이 고통스럽고 때때로 절망스럽기에 해방과 자유를 갈망하고 지향하지만 생명이 있는 한 어쩔 수 없이 다시 그리움의 감옥, 사랑의 형틀에 얽매일 수밖에 없는 것이 생존 법칙이고 원리이기에 사랑을 통해 구원을 갈망한다는 뜻이다.

이러한 구속과 해방, 운명과 자유, 외로움과 그리움, 사랑과

미움이라는 모순과 이율배반, 존재와 무의 변증법적 순환 속에서 삶이 전개되고 인생이 펼쳐질 수밖에 없는 것이 바로 삶의 진실이고 궁극적인 운명의 형식에 해당하는 것이 아니겠는가.

맺으며

그렇다면 김미숙 시인에게 있어 시를 쓴다는 것은 무슨 의미를 지니는가?

무엇보다 그것은 자기를 이기고자 하는 일, 즉 자기 극복을 위한 노력이 아닌가 한다. 끊임없이 닥쳐오는 실존의 위기와 절망을 넘어서고자 하는 극복의지가 시를 씀으로써 발현되고 있는 것으로 해석되기 때문이다.

또한 그것은 올바로 깊이 있게 '나' 를 발견하고 '참 나' 를 살아가기 위한 지난한 몸짓이 아닌가 생각된다. 자꾸만 흔들릴 수밖에 없는 오늘의 삶, 실존의 불안 속에서 스스로 중심을 잡고 삶의 본질로서 '참 나' 를 발견하고 실현해 가기 위한 노력을 반영한다는 뜻이다.

셋째로 그것은 자신의 삶을 스스로 구원하기 위한 자기 구원의 안간힘이라 이해된다. 모든 종교가 그렇듯이 예술도 마찬가지다. 그 궁극적인 목표는 자기 구원이고 마음의 평화를 얻기 위한 노력인 것이다.

그러니 시인은 아직도 더 치열하게 노력해야만 한다. 진짜 시인의 길을 가려는 끈질긴 노력 속에서 시인 자신의 '참 삶'

이 실현되고 진정한 자아가 완성돼 갈 수 있기 때문이다. '피를 잉크로Blood in ink!' 라는 말을 다시금 상기하면서 새롭게 도약할 것을 희망하고 기대한다.

시인 김미숙/ 金美淑

경남 사천시 출생
1998년 『시와시학』으로 등단
경남대학교 대학원 교육학과 졸업(교육학박사)
시집 『피는 꽃 지는 잎이 서로 보지 못하고』가 있음
현재 창신대 겸임교수, 마산비둘기동산유치원장
E-mail: kms55@unitel.co.kr

눈물, 녹슬다

지은이 | 김미숙
펴낸이 | 설보혜
펴낸곳 | Poetics 시학
1판1쇄 | 2008년 3월 3일
출판등록 | 2003년 4월 3일
주소 | 서울 종로구 명륜동1가 42
전화 | 744-0110
FAX | 3672-2674

값 8,000원

ISBN 978-89-91914-44-5 03810